**Jens Janssen**
Garten- und Landschaftsbau
Steindamm 22 · 28719 Bremen
Tel. 0421/636 00 66 · Fax 0421/636 64 80

# Vegesack – Lesum – Blumenthal

## Ein Portrait – A Portrait – Un Portrait

Wolf-J. Wackerhagen (Text)
Günter Franz (Fotos)

EDITION TEMMEN

Die Deutsche Bibliothek – CIP-Einheitsaufnahme

**Vegesack – Lesum – Blumenthal:** Ein Portrait /
Wolf-J. Wackerhagen (Text). Günter Franz (Fotos). –
Bremen : Ed. Temmen, 2000
ISBN 3-86108-479-1

**Übersetzung**
Nancy Schrauf (Englisch), Diane Fabre (Französisch)

Alle Aufnahmen entstanden mit Leica-Kameras.

© EDITION TEMMEN
Hohenlohestr. 21 – 28209 Bremen
Tel. 0421-34843-0 – Fax 0421-348094


Email: Ed.temmen@t-online.de
Gesamtherstellung: Edition Temmen

ISBN 3-86108-479-1

# Vegesack – Lesum – Blumenthal

## Ein Portrait

Bremen-Nord, das ist nicht einfach eine Ortsangabe oder eine Himmelsrichtung. Bremen-Nord, das ist der Teil der Hansestadt Bremen, wo es so richtig maritim ist. Hier, wo die Lesum in die Weser mündet, schlägt noch immer der Puls der fast 400-jährigen Schifffahrts- und Schiffbaugeschichte.

Von hier aus nahmen einst Walfänger Kurs auf Grönland, vor dem 350 Jahre alten »Havenhaus« erinnern mächtige Walkiefer an die Grönlandfahrer. In Vegesack hatte auch die größte Heringsflotte Europas ihren Heimathafen, und hier schlug die Geburtsstunde der Deutschen Gesellschaft zur Rettung Schiffbrüchiger.

Heute und sicher noch in ferner Zukunft werden diesseits und jenseits der Weser Segel- und Motoryachten für Kunden in der ganzen Welt, Hightechfährschiffe und Marineschiffe gebaut. Die Region ist nicht denkbar ohne den Schiffbau und seine Zuliefererindustrie, auch wenn die Traditionswerft »Bremer Vulkan« nicht mehr existiert, die Tausenden Menschen Arbeit und Brot gab.

## A Portrait

Bremen North, this is not simply a placename or a direction. Bremen North—that is the part of Bremen where it is most especially maritime. Here, where the Lesum flows into the Weser, still beats the heart of a nearly 400-year-old shipbuilding and seafaring history. It was from here that the whaling ships once set out for Greenland; a monument to these Greenland seafarers – the mighty jaws of a whale – stands in front of the 350-year-old »Havenhaus«. Europe's largest fleet of herring ships had its home port in Vegesack, as well. And here, the German Society for the Rescue of Shipwreck Victims had its beginnings. On both sides of the Weser, today, and certainly far into the future, sailing ships and yachts, as well as modern ferries and marine utility boats will be built for customers the world over. Though the one-time employer of thousands of people, the traditional »Bremer Vulkan«, is no longer there, the region would be unthinkable without its many shipbuilding industries and the companies that supply them.

## Un Portrait

Brême-Nord, ce n'est pas simplement une indication géographique ou un point cardinal, c'est la partie de la ville hanséatique de Brême au caractère vraiment maritime. Ici, au confluent de la Lesum et de la Weser, bat encore le pouls de près de 400 ans d'histoire de navigation maritime et de construction navale.

Les pêcheurs de baleines s'embarquaient ici autrefois à destination du Groenland. C'est eux que rappellent les imposantes mâchoires de baleine disposées devant la maison du port, le »Havenhaus« vieux de 350 ans. Vegesack était aussi le port d'attache de la plus grande flotte européenne de pêche au hareng et c'est ici que la Fédération Allemande du Sauvetage en Mer vit le jour.

Aujourd'hui et pour longtemps encore, on construit sur les deux rives de la Weser des yachts à voiles et à moteur destinés à des clients dans le monde entier, des ferry-boats de technologie avancée et des navires pour la marine. On ne saurait s'imaginer cette région sans la construction navale et ses industries de sous-traitance, bien qu'ait disparu le chantier naval traditionnel »Bremer Vulkan«, qui donnait du travail et du pain à des milliers de personnes.

## Im steten Wandel

Bremen-Nord ist in einem unaufhaltsamen Wandel begriffen. Auf dem Gelände der Roland-Kaserne in Grohn soll eine private Universität nach amerikanischem Vorbild entstehen, und auf dem Haven Höövt, jetzt noch Baustelle, wird schon bald ein Quartier errichtet, das zum Wohnen und Einkaufen, zum Bummeln und Entspannen einlädt. Der Umbau des alten Vegesacker Hafens ist fast abgeschlossen, eine neue, moderne Brücke verbindet das alte und neue Vegesack miteinander und erlaubt Radfahrern über Lesum- und Weser-Wanderweg die ungehinderte Weiterfahrt in die nördlich gelegene Wesermarsch.

Die maritimen Feste an Lesum und Weser haben unterdessen weit über die Region hinaus große Bedeutung: Einmal im Jahr wird das Hafenfest veranstaltet, das Hunderttausende Besucher anlockt. Loggermärkte im Frühjahr und Herbst sorgen ebenfalls für maritimes Flair, und wer klassische Musik in ungezwungener Atmosphäre liebt, der kommt beim Open-Air-Festival »Sommer in Lesmona« in Knoops Park voll auf seine Kosten. Zu einer Hochburg von Jazz und Kabarett hat sich das »KITO« in der Alten Hafenstraße entwickelt. Weserpromenade, der Vegesacker Stadtgarten und die Parks in Blumenthal und Lesum bieten ebenfalls erholsame Stunden.

150.000 Menschen leben hier im Bremer Norden in einer Region, für die man sich viel Zeit nehmen sollte.

## In Continual Change

Bremen North is in a process of great change. On the premises of the former Roland Military Base, a private university using the American system as its model is to be established, and on the Haven Höövt, at this point a construction site, will soon be a residential and shopping area designed for pleasant hours of strolling and relaxing. The reconstruction of the old Vegesack Harbour is nearly finished: a new, modern bridge now connects old and new Vegesack and allows bikeriders coming over the Lesum or the Weser access to the Weser Marsh areas that lie to the north.

The maritime festivals on the Lesum and the Weser have a significance that goes far beyond the region itself. The Harbour Festival that takes place once a year attracts hundreds of thousands of visitors. »Logger Markets« in spring and autumn also add to the area's maritime flair, and those who love classical music in a relaxed atmosphere will enjoy the »Sommer in Lesmona« Open Air Festival in Knoops Park. For Jazz and Cabaret, the »KITO« in the Alte Hafenstrasse is the place to go. The promenade along the Weser, the Vegesack »Stadtgarten« and the parks in Blumenthal and Lesum are good for hours of quiet recreation as well. 150,000 people live here in this northern region of Bremen, the former harbour and industrial area of which has become one focus of touristic interest in Northern Germany today.

## En transformation permanente

Brême-Nord évolue sans cesse. Le terrain de la Roland-Kaserne à Grohn est destiné à la construction d'une université privée sur le modèle américain, et sur le Haven Höövt encore en chantier, on verra bientôt s'élever un quartier à la fois résidentiel et commerçant, invitant à la flânerie et à la détente.

Le réaménagement de l'ancien port de Vegesack est presque achevé, un nouveau pont moderne relie le vieux Vegesack aux quartiers plus récents et donne aux cyclistes la voie libre pour rejoindre la Wesermarsch, le polder de la Weser, au nord en empruntant les chemins de randonnée de la Lesum et de la Weser.

Les fêtes maritimes sur les bords de la Lesum et de la Weser ont une importance qui dépasse les limites régionales. Chaque année la fête du port attire des centaines de milliers de visiteurs, au printemps et en automne les »Loggermärkte«, de grands marchés où l'on trouve de tout, contribuent aussi au flair maritime. Le festival en plein air dans le Knoops Park répond chaque année à l'attente des amateurs de musique classique dans une ambiance détendue. Le »KITO«, dans la Alte Hafenstraße, est devenu le fief du jazz et du cabaret. La promenade de la Weser, les jardins de Vegesack et les parcs de Blumenthal et de Lesum invitent aussi à la détente.

150.000 personnes vivent ici au nord de Brême, une région à laquelle le visiteur devrait consacrer beaucoup de temps.

## Vegesack

In Vegesack, dem Zentrum des Bremer Nordens, werden die maritimen Traditionen besonders gepflegt. Mit seinen Kapitänshäusern und dem Hafenquartier, mit maritimen Festen und dem Angebot an Charterfahrten auf Weser und Lesum bis hin zu Kreuzfahrten nach Helgoland bietet es dem Besucher eine abwechslungsreiche Erlebniswelt. In der Mündung der Lesum liegt seit 1995 das Segelschulschiff »Deutschland«, das besichtigt, auf dem aber auch geheiratet werden kann.

Mit dem Hafen – er wurde nach dreijähriger Bauzeit 1622 fertig gestellt – begann die eigentliche Geschichte Vegesacks. Zuvor hatten hier, an der Mündung der Aue in die Weser, die Ritter von Oumünde ihr Wesen, vielleicht auch ihr Unwesen getrieben. Sie gelten als die Ahnherren der Ritter von Blomendal und Schönebeck, deren Burg in Blumenthal und Schloss in Schönebeck noch heute erhalten sind.

Den Bau des Hafens veranlassten übrigens die Bremer Kaufleute, denn wegen der zunehmenden Versandung der Weser konnten größere Frachtschiffe nicht mehr bis zur Schlachte, dem einstigen Hafen in Bremen, gelangen.

## Blumenthal

Auch Blumenthal hat eine wechselvolle Geschichte. Etwa um 1250 gab es schon einmal eine Blumenthaler Burganlage. Wegen der ständigen Streitereien mit den Bremern musste die Burg 1305 abgerissen werden. Um 1350 wurde zwischen Aue und

## Vegesack

In Vegesack, centre of Bremen North, maritime traditions are especially cultivated. With its ship captain's houses and the harbour quarter; with maritime festivals and the many opportunities to get out on the water—whether to take a cruise along the Weser and Lesum or to embark on a longer trip to Helgoland—there is a wide range of activities available to the visitor. Since 1995, the training ship »Deutschland« has lain at the mouth of the Lesum. You can tour the ship, unless you happen to be there on a day that some happy couple is having their wedding on board! Vegesack's history actually began in 1622, with the finishing of the harbour after three years of construction. Before this, the robber knights of the Oumünde might have carried on their trade here. These knights are regarded as the forefathers of the knights of Blomendal and Schönebeck whose fortress (in Blumenthal) and castle (in Schönebeck) can still be seen today. It was the merchants of Bremen who occasioned the building of Vegesack's harbour. As a result of sand deposits farther inland, the Weser had become too shallow for the larger freight ships, and they no longer could reach the »Schlachte«, Bremen's former harbour.

## Blumenthal

Blumenthal has had a colourful history as well. Around 1250, a castle complex already existed in Blumenthal. However, as a result of persisting conflicts with Bremen, the fortress was destroyed in 1305. A new castle, today's »Haus Blomendal«, was

## Vegesack

A Vegesack, le centre du Nord de Brême, on cultive particulièrement la tradition maritime. Avec ses maisons cossues bâties par les capitaines, son quartier du port, ses fêtes maritimes, avec les possibilités de navigation de plaisance allant de la location de bateaux sur la Lesum et sur la Weser à des croisières vers Helgoland, Vegesack offre au visiteur toute une palette d'activités et de distractions. Depuis 1995 le voilier-école »Deutschland« est amarré à l'embouchure de la Lesum, il est ouvert aux visiteurs et l'on peut aussi s'y marier.

Avec le port – inauguré en 1622 après trois années de travaux – commença l'histoire proprement dite de Vegesack. En des temps plus reculés, cette région, située au confluent de l'Aue et de la Weser, aurait aussi été infestée par les chevaliers d'Oumünde. Ils sont considérés comme les ancêtres des chevaliers de Blomendal et de Schönebeck, dont la forteresse à Blumenthal et le château à Schönebeck existent toujours.

L'aménagement du port avait été réalisé sous l'impulsion des commerçants de Brême, l'ensablement progressif de la Weser rendant la Schlachte, l'ancien port de Brême, inaccessible aux navires de fort tonnage.

## Blumenthal

Blumenthal a aussi connu une histoire mouvementée. Dès 1250 existait ici une forteresse, elle dût être détruite en 1305 à cause des conflits perpétuels avec les brêmois. Vers 1350 un nouveau château fort fût érigé entre les cours d'eau l'Aue et la Becke,

Becke eine neue Burg gebaut, das heutige »Haus Blomendal«. Ab 1436 gehörte Blumenthal zu Bremen, wurde später schwedisch, kam dann unter dänische Herrschaft und zählte schließlich mit Bremen zum Königreich Hannover.

Durch den Stader Vergleich von 1741 musste Bremen das Dorf ganz nach Hannover abgeben. Dann kamen die Franzosen, 1866 die Preußen. 1939 wurde Blumenthal mit den inzwischen eingemeindeten Ortsteilen im Zuge der Gebietsreform Bremen angegliedert.

## Burglesum

Der Stadtteil Burglesum kann vielleicht auf die längste überlieferte Geschichte verweisen. Die Lesumer Kirche wurde bereits 1235 erstmals in einer Urkunde erwähnt.

Zu den 1936 zunächst zur Großgemeinde Lesum vereinten Dörfern St. Magnus, Lesum und Burgdamm kamen 1939 Grambke, Burg und Büren, Lesumbrok und Grambkermoor. Die Umgebung des Flusses Lesum war aber lange vorher ein beliebter Platz für die Sommersitze Bremer Bankiers, Reeder und Kaufleute. Unter all den Gutbetuchten nahm Baron Ludwig Knoop eine herausragende Stellung ein, und ein Besuch des in seinem Auftrag angelegten Parks lohnt sich allemal.

Von Burglesum sind es nur ein paar Schritte ins Werderland, das mit seiner stillen Landschaft bis an die Hochöfen der Bremer Stahlwerke reicht und eine einzigartige grüne Oase im Stadtstaat Bremen darstellt.

built between Aue and Becke in 1350. As from 1436, Blumenthal belonged to Bremen; later it came under successive Swedish and Danish rule. Finally, both Blumenthal and Bremen belonged to the kingdom of Hanover.

According to the »Stader Agreement« of 1741, Bremen relinquished Blumenthal entirely to Hanover. However, the succession of different rules was not yet finished: the French came, and then in 1866, the Prussians. In the land reform of 1939, Blumenthal was combined with the other villages in the area and annexed to Bremen.

## Burglesum

The quarter of Burglesum has perhaps the longest recorded history of the three. The church in Lesum is already mentioned in a document from the year 1235. In 1936, Burglesum was united with the villages of St. Magnus, Lesum and Burgdamm. Later, in 1939, the villages of Grambke, Burg and Büren, Lesumbrok and Grambkermoor also came within Burglesum's administrative community. The vicinity of the river Lesum, however, had long been a favoured place for the bankers, merchants and wealthy industrialists of Bremen to have a summer house. Among all of these prosperous people, the Baron Ludwig Knoop had a particularly prominent place. The Knoop Park, one of his contributions to the city, is definitely worth a visit. Just beyond Burglesum stretches the Werderland. From its quiet green expanses all the way to the furnaces of Bremen's steel works, it is an oasis within the City State of Bremen.

c'est l'actuelle »Haus Blomendal«. En 1436 Blumenthal fut rattachée à Brême, elle vécut ensuite sous domination suédoise et sous domination danoise, puis fut annexée avec Brême par le Royaume de Hanovre.

Par la signature de l'accord de Stade en 1741, Brême céda le village à Hanovre. Blumenthal vit ensuite arriver les français puis les prussiens en 1866. En 1939, dans le cadre de la réforme territoriale, Blumenthal et les localités avoisinantes qui lui avaient été rattachées entre temps furent incorporées à Brême.

## Burglesum

Burglesum est le quartier de Brême-Nord dont l'histoire écrite est la plus ancienne. Son église est mentionnée dans un acte datant de 1235. Aux villages de St. Magnus, Lesum et Burgdamm, unis en 1936 pour former la grande commune de Lesum, s'ajoutèrent en 1939 Grambke, Burg et Büren ainsi que Lesumbrok et Grambkermoor. Les environs du fleuve la Lesum étaient devenus bien auparavant un des lieus de prédilection pour les résidences d'été des banquiers, des armateurs et de commerçants de Brême. Le baron Ludwig Knoop joua un rôle prépondérant parmi cette population fortunée. Le visiteur saura tirer agrément du parc qu'il fit aménager. A quelques pas de Burglesum, le paysage tranquille de Werderland s'étend jusqu'aux hauts fourneaux des usines métallurgiques de Brême et forme une oasis de verdure très particulière dans cette ville-land de Brême.

Vegesack vom Wasser: Am Ufer der Weser liegt der Stadtgarten. 1779 pflanzte hier der Mediziner Albrecht Wilhelm Roth seltene Bäume und Sträucher aus aller Welt an. Heute findet der aufmerksame Spaziergänger über 250 verschiedene Arten. Der Stadtgarten ist Teil der maritimen Meile, die sich vom Hafen bis zur »Gläsernen Werft« erstreckt.

Vegesack seen from the water: the City Gardens lie on the shore of the Weser. In 1779, Albrecht Wilhelm Roth, a doctor, brought exotic trees and plants from all over the world to this garden. Today, an alert observer may find over 250 different species. The City Gardens are part of the »Maritime Mile«, stretching from the harbour to the »Open Shipyard«.

Vegesack vue de l'eau : Le jardin municipal se trouve sur les bords de la Weser. Le médecin Albrecht Wilhelm Roth fit planter ici des arbres et des buissons provenant du monde entier. Le promeneur attentif en découvrira 250 variétés. Le jardin municipal fait partie de la promenade maritime qui s'étend du port jusqu'au chantier naval.

Anfang Juni lockt das Hafenfest alljähr-
lich Tausende Besucher an die Weserpromenade zwischen »Regina« und Segelschulschiff »Deutschland«.

Yearly at the beginning of June, the Harbour Festival attracts thousands of visitors
to the Weser Promenade between the
»Regina« and the training ship »Deutschland«.

La fête du port attire chaque année début
juin des milliers de visiteurs sur la promenade de la Weser entre le »Regina« et le
voilier-école »Deutschland«.

»Käpt'n Säbelzahn« ist bei maritimen Events schon zu einer Kultfigur für Groß und Klein geworden.

»Capt'n Sabertooth« has become a cult figure for both adults and children at maritime events.

»Käpt'n Säbelzahn« (le capitaine Dent de Sabre) est devenu l'idole des grands et des petits pendant les fêtes maritimes.

Hunderte Schiffe und Boote kommen zum Hafenfest von nah und fern, denn die Veranstaltung ist Treffpunkt für Motor- und Segelsportfreunde im gesamten Unterweserraum und darüber hinaus.
Im Bild der in Vegesack gebaute Segellogger »Vegesack BV 2«.

From far and wide, hundreds of ships and boats come to the Harbour Festival, a meeting place for sailors and boat fans in the entire area of the Lower Weser and beyond. Pictured is the lugger sailing ship »Vegesack BV2«—built in Vegesack.

Des centaines de navires et de bateaux mettent le cap sur Vegesack. Car la fête maritime en fait un lieu de rencontre privilégié pour les amateurs de sports nautiques à voile et à moteur de toute la région en aval et bien au-delà.
Ci-contre: le cotre »Vegesack BV 2« construit à Vegesack.

Fast in jedem Jahr steht die Weserpromenade von Vegesack bei Sturmflut unter Wasser.

The Weser Promenade of Vegesack is under water almost every year when the storm tides come.

Les tempêtes provoquent presque chaque année l'inondation de la promenade de la Weser à Vegesack.

Die maritime Meile Vegesacks erstreckt sich von der »Regina« (l.u.) bis hin zum Vegesacker Hafen. Mitunter erlebt man wenige Schritte weserabwärts auch noch, wie ein neues Schiff zu Wasser gelassen wird.

Vegesack's Maritime Mile stretches from the »Regina« (lower left) to Vegesack Harbour. Just a step or two away down the Weser, a brand-new ship is launched.

La promenade maritime de Vegesack s'étend du »Regina« jusqu'au port de Vegesack. On assiste parfois en aval de la Weser au lancement d'un nouveau bateau.

Der vollständig umgebaute Vegesacker Hafen soll zu einem Schmuckstück der maritimen Meile werden. Die treppenartig angelegte Uferzone ermöglicht den Blick auf die Traditionsschiffe im Hafen, die von ihren Besitzern liebevoll restauriert und erhalten werden.

The jewel of the Maritime Mile is the fully redesigned Vegesack Harbour. The lovingly restored traditional ships lying in the harbour can best be seen from the tiered banks of the river.

Entièrement réaménagé, le port de Vegesack est devenu le vrai bijou de la promenade maritime. Ses quais construits en escaliers ouvrent la vue sur les anciens navires du port restaurés avec beaucoup d'amour par leurs propriétaires.

Eine neue, moderne Brücke verbindet das Traditionsgasthaus »Grauer Esel« an der Uferpromenade mit dem Haven Höövt und dem Liegeplatz des Segelschulschiffs »Deutschland«. Von der Fußgängerbrücke hat man auch einen romantischen Überblick in den Hafen.

This modern bridge connects the traditional restaurant »Grauer Esel« on the Promenade with the »Haven Höövt« and the anchorage of the training ship »Deutschland«. This pedestrian bridge affords a romantic view onto the harbour.

Un nouveau pont moderne relie l'auberge traditionnelle »Grauer Esel« à la promenade de la berge avec le »Haven Höövt« et le voilier-école »Deutschland« amarré ici. Du pont piéton on découvre un panorama romantique du port.

Die großen Werften sind verschwunden, aber die Schiffbautradition ist ungebrochen. Bei der »Bremer Bootsbau Vegesack« beispielsweise werden historische Schiffe nachgebaut.

Though the great industrial shipyards are gone, the tradition of shipbuilding lives on. At the »Bremer Bootsbau Vegesack«, for example, reproductions of historical ships are constructed.

Malgré la disparition des grands chantiers, la tradition navale est toujours vivante. Au chantier naval »Bremer Bootsbau Vegesack«, par exemple, on construit des répliques d'anciens navires.

Hier entsteht nach rekonstruierten Bauplänen die Hansekogge von 1380. Sie wird später eine Attraktion für Touristen der Hansestadt sein.

Here, reconstructed from original design documents, we see the building of a »Hansekogge« from 1380. This will be added to the Hanseatic City's many tourist attractions.

Ici, une réplique de la »Hansekogge« de 1380, navire de la Hanse, est construite fidèlement à partir de plans de construction eux même restitués. Elle deviendra une attraction pour les touristes de la ville hanséatique.

Seit 1995 liegt das Segelschulschiff »Deutschland« in der Mündung der Lesum, wo der »weiße Schwan der Unterweser«, das letzte in Deutschland erhalten gebliebene Vollschiff, besichtigt werden kann. Mit dem Eintrittsgeld wird der über 70 Jahre alte Großsegler gewartet und gepflegt. Gebaut wurde das 88,2 Meter lange und 11,9 Meter breite Schulschiff 1927 auf der Werft Joh. C. Tecklenborg in Geestemünde.

The training ship »Deutschland«, also called »the white swan of the Lower Weser«, has lain at the mouth of the Lesum since 1995. This last remaining fully equipped ship can be boarded and toured. The entrance fees finance the maintenance of the over 70-year-old ship, which is 88.2 meters long and 11.9 meters wide, and was built in 1927 by the Joh.C. Tecklenborg Shipyard in Geestemünde.

En 1995, le voilier-école »Deutschland« a trouvé son port d'attache à l'embouchure de la Lesum. C'est le dernier trois-mâts que l'Allemagne ait encore. »Le cygne blanc du cours inférieur de la Weser«, comme on l'appelle, est ouvert au public. L'entretien de ce navire de plus de 70 ans est financé par la vente des billets d'entrée. Construit en 1927 par le chantier naval Joh.C. Tecklenborg à Geestemünde, ce voilier-école a 88,2 mètres de long sur 11,9 mètres de large.

Bremen-Nord ist in einem unaufhaltsamen Wandel begriffen. Aus dem einstigen Industriestandort wird immer mehr ein Dienstleistungszentrum. Dort, wo einst Johann Lange und später Friedrich Lürssen Schiffe bauten, auf dem Haven Höövt, entsteht ein Quartier, das zum Wohnen und Einkaufen, zum Bummeln und zur Freizeitgestaltung einlädt. Hier liegt auch der Rahsegler »Deutschland«.

Bremen North is changing rapidly these days, and former industrial areas are increasingly being used by the service industries. On the »Haven Höövt«, where once Johann Lange, and later, Friedrich Lürssen built ships, we now have a residential and shopping district where strolling, window shopping, and recreation are the preferred activities. It is here that the training ship »Deutschland« lies at anchor.

Brême-Nord est l'objet d'un changement continuel. Un centre de services s'installe et s'étend sur l'ancien site industriel. Là où autrefois Johann Lange puis plus tard Friedrich Lürssen construisaient des navires, s'élève aujourd'hui un quartier résidentiel et commerçant invitant à la flânerie et à la détente. Le voilier-école »Deutschland« est amarré ici.

Spektakel auf dem »Haven Höövt«, dem neuen Quartier für Kunst, Kommunikation und Gewerbe. Die maritime Kulisse wird immer wieder gern für Theateraufführungen genutzt.

Extravaganza on the »Haven Höövt«, the new art, media, and business district. The maritime setting is a favourite for theatre productions.

Un spectacle sur le site du »Haven Höövt«, le nouveau quartier des arts, de la communication et du commerce. Les coulisses maritimes sont très appréciées pour les représentations théâtrales.

Der Mittelpunkt Vegesacks ist zweifelsfrei der Sedanplatz. Der Wochenmarkt hier ist ein beliebter Treffpunkt für Jung und Alt.

The centre of Vegesack is without a doubt the »Sedanplatz«. The weekly market is a meeting-place for young and old.

Le centre d'attraction de la cité de Vegesack est sans aucun doute la »Sedanplatz«. Le marché hebdomadaire est un lieu de rencontre très apprécié par toutes les générations.

Nicht nur »Grünmärkte« finden regelmä-
ßig statt, zweimal jährlich wird parallel zum
Loggermarkt der Flohmarkt auf der Weserpromenade abgehalten.

Not only do fruit, vegetable, and flower
market days take place regularly, twice a
year, parallel to the »Loggermarkt«, a flea-
market is held on the Weser promenade.

Le marché »vert« n'est pas le seul a avoir
lieu régulièrement. Deux fois par an, pa-
rallèlement au »Loggermarkt«, le marché
aux puces se tient sur la promenade de la
Weser.

Zentrum der aus den Ortsteilen Vegesack, Burglesum und Blumenthal bestehenden Region ist Vegesack mit seiner Fußgängerzone, in der es sich fernab aller Großstadthektik gemütlich bummeln und gut einkaufen lässt. Die Reeder-Bischoff-Straße, Teil der Fußgängerzone, ist eine solche großzügige Flaniermeile.

Vegesack with its pedestrian zone is the commercial centre for the surrounding communities of Burglesum and Blumenthal. The Reeder-Bischoff-Strasse in the pedestrian zone is one such generously planned walking area where, far from the hectic atmosphere of a big city, shopping is convenient and pleasant.

Vegesack constitue avec Burglesum et Blumenthal la région dont elle est le centre. Sa zone piétonne, loin de toute agitation urbaine, invite à la promenade et l'on peut y faire des courses en toute détente. La Reeder-Bischoff-Straße est une de ces rues piétonnes qui se prête à la flânerie.

Mehrmals jährlich locken bunte Feste auf den Sedanplatz, das Zentrum Vegesacks. Im Hintergrund erkennt man das Gustav-Heinemann-Bürgerhaus, das Veranstaltungszentrum im Bremer Norden, das mit einem breit gefächerten Programm jährlich Zehntausende ins Haus lockt.

Several times a year, the Sedanplatz presents a colourful carnival scene in the centre of Vegesack. In the background, one can see the Gustav-Heinemann Community Centre. With its wide range of programs, it is a centre of activity for Bremen North, attracting tens of thousands each year.

Des fêtes animent plusieurs fois par an la Sedanplatz, le centre de Vegesack. En arrière-plan on reconnaît les bâtiments de la maison des loisirs et de la culture Gustav Heinemann, centre des spectacles de Brême-Nord, dont le programme très varié attire chaque année des dizaines de milliers de spectateurs.

Sehenswert sind die wenigen noch erhalte-
nen Kapitänshäuser oberhalb des Vegesacker Stadtgartens in der Weserstraße.

Nächste Seite:
Die katholische Kirche in Grohn im Her-
zen des Ortsteils.

It is worth your while to see the remaining
few Captains' mansions on Weser Strasse
at the upper end of the Vegesack City Gardens.

Opposite Page:
The Catholic Church lies at the heart of
Grohn's town centre.

Les maisons des capitaines, dont seules
quelques unes existent encore, sont très at-
trayantes. Elles se trouvent dans la Weserstraße, au-dessus du jardin municipal de
Vegesack.

A droite:
L'église catholique de Grohn, au cœur du
quartier.

In Bremen-Nord ist man moderner Kunst gegenüber durchaus aufgeschlossen. Eigenwillige Skulpturen wie hier in Blumenthal (links) oder Vegesack (rechts) bereichern das Bild des Bremer Nordens.

Modern art is welcome in Bremen North, and it is not uncommon to come upon peculiar sculptures such as this in Blumenthal (left) or this one in Vegesack (right), enriching the northern Bremen scene.

A Brême-Nord on est tout à fait réceptif à l'art moderne. Des sculptures originales comme à Blumenthal (à gauche) ou à Vegesack (à droite) enrichissent la physionomie du Nord de Brême.

Die restaurierten Packhäuser in der Alten Hafenstraße werden heute neu genutzt. Das KITO beispielsweise hat sich mit seinem abwechslungsreichen Veranstaltungsprogramm zu einem beliebten kulturellen Anziehungspunkt entwickelt, ein Geheimtipp für alle, die gutes Kabarett mögen oder namhaften Jazzmusikern lauschen wollen.

The restored warehouses on the »Alte Hafenstrasse« have found new uses. With its wide variety of programmes, the KITO, for example, has made itself a cultural attraction for jazz and cabaret lovers who want to hear big name musicians or performers.

Les entrepôts restaurés dans la »Alte Hafenstraße« ont trouvé de nouveaux utilisateurs. Le »KITO«, par exemple, est devenu, avec son large programme de spectacles, un des points d'attraction culturels les plus prisés. Un bon tuyau pour les amateurs de cabaret et de jazz, car des musiciens renommés se produisent ici.

Zwischen alten Gebäuden erobert sich moderne Architektur ihren Platz.

Modern architecture finds its place among the older buildings.

L'architecture moderne conquière sa place parmi les maisons anciennes.

Das Schönebecker Schloss: Eine erste Burg wurde um 1350 erbaut. Der jetzige Fachwerkbau stammt aus der Mitte des 17. Jahrhunderts. 1682 kamen Gut und Schloss Schönebeck in den Besitz des Obersten Friedrich von der Borch, und 1950 übernahm dann die Hansestadt Bremen das Wasserschloss, das in seinen Mauern Zeugnisse der Vegesacker Seefahrtsgeschichte und eine Sammlung zur Tradition des Walfangs und der Heringsfischerei beherbergt.

The original Schönebecker Schloss is dated from 1350, the present half-timbered house was built in the mid-17th century. In 1682, the castle and lands of Schönebeck came into the hands of the Colonel Friedrich von der Borch. In 1950, the Hanseatic City of Bremen took over the »Wasserschloss«, within its walls witness to the seafaring history of V egesack. Also stored there is a collection of traditional whaling artifacts and implements of the herring fishing industry.

Le château de Schönebeck: un premier fort fut construit vers 1350. L'actuel bâtiment en colombage date néanmoins du milieu du XVIIème. En 1682 le colonel Friedrich von der Borch s'installa dans le domaine et dans le château de Schönebeck. Depuis 1950 le château appartient à la ville hanséatique de Brême. Il renferme les témoignages de l'histoire de la navigation de Vegesack et toute une collection qui illustre la tradition de la pêche à la baleine et au hareng.

Alte Möbel, Puppen, Haushaltsgegenstände und Keramik vermitteln im Schönebecker Schloss Einblicke in das Leben der Vegesacker im ausgehenden 19. Jahrhundert. Auch der Nachlass des in Vegesack geborenen Afrikaforschers Gerhard Rohlfs wird hier aufbewahrt.

Antique furniture, dolls, household artifacts, and pottery allow insight into the lives of Vegesack's citizens at the close of the 19th century. Besides, the legacy of Gerhard Rohlfs, Africa explorer, is housed here.

Des meubles et ustensiles ménagers, des poupées et des céramiques exposés au musée de Schönebeck donnent un aperçu de la vie des habitants de Vegesack à la fin du XIXème. Les effets de l'explorateur d'Afrique Gerhard Rohlfs, né à Vegesack, sont aussi conservés ici.

Auf den Pfaden der Natur wandeln: Die Ökologiestation in Vegesack bietet vielfältige Einblicke in die Natur der Region.

On nature's pathways: the ecological station in Vegesack offers a variety of perspectives on the regional environment.

Suivre les chemins de la nature: la station écologique de Vegesack présente la nature de la région sous divers aspects.

Lesum liegt auf einem hohen Dünenrücken am Ufer des gleichnamigen Flusses. Das Wahrzeichen des Stadtteils ist die Lesumer Kirche.

The town of Lesum lies on the high ridge of the dunes on the banks of the river Lesum. The church is Lesums central landmark.

Lesum se trouve sur le dos d'une dune au bord du fleuve du même nom. L'emblème du quartier: l'église de Lesum.

Liebevoll wiederaufgebaut wurde die Villa »Lesmona«, die durch Margarete Pauli literarischen Ruhm erlangte. Unter dem Namen Marga Berck schrieb Pauli den Briefroman »Sommer in Lesmona«, in dem Landschaft und gesellschaftliches Leben der gut betuchten Familien am Lesumufer geschildert werden.

The »Villa Lesmona«, famous as a result of Margarete Pauli's literary efforts—an epistolary novel by the name of »Summer in Lesmona«, which she wrote under the nom de plume Marga Berck. The story depicts the landscape and social lives of the wealthy families living on the shores of the Lesum.

La villa »Lesmona«, bien conservée, doit sa renommée littéraire à Margarete Pauli. Dans son roman épistolaire »Un été à Lesmona«, paru sous le pseudonyme de Marga Berck, Margarete Pauli décrit les paysages des bords de la Lesum et la vie mondaine de ses familles fortunées.

Der Künstler Jürgen Waller und die Galeristin Birgit Waller haben im Park von Haus »Lesmona« eine einmalige Skulpturensammlung aufgebaut, die Arbeiten von Ursula Sax, Bernhard Heiliger, Karl-Manfred Rennertz und Bernd Altenstein sowie dem Ehepaar Matschinsky-Denninghoff zeigt.

The artist Jürgen Waller and gallery owner Birgit Waller have developed a unique sculpture garden in which are pieces by Ursula Sax, Bernhard Heiliger, Karl-Manfred Rennertz, and Bernd Altenstein, as well as the Matchinsky-Denninghoffs.

L'artiste Jürgen Waller et la galeriste Birgit Waller ont disposé dans le parc de la villa »Lesmona« une collection exceptionnelle de sculptures des artistes comme Ursula Sax, Bernhard Heiliger, Karl-Manfred Rennertz, Bernd Altenstein et les époux Matschinsky-Denninghoff y sont aussi représentés.

Haus Kränholm, ein altes Fachwerkhaus, wurde 1896/97 erbaut, musste am ursprünglichen Standort an der Lesumer Heerstraße dem Bau der Stadtautobahn weichen und ist heute Betriebshof des Gartenbauamtes.

The old half-timbered house »Haus Kränholm« was built in 1896/97. It had to be removed from its original location on Lesumer Heerstrasse to make way for the autobahn. It now serves as an office for the Parks Bureau.

La maison Kränholm, une ancienne maison à colombage construite en 1896/97, dut rétrocéder son emplacement sur la Lesumer Heerstraße pour la construction d'une autoroute. Elle abrite aujourd'hui le service d'exploitation de l'administration des jardins et parcs publics.

Der vom russischen Zaren zum Baron ernannte Knoop ließ sich 1871 von Wilhelm Benque einen englischen Landschaftspark anlegen. Benque kombinierte den alten Baumbestand mit großen Freiflächen, wodurch reizvolle Perspektiven und Fernsichten entstanden. Der Gartenarchitekt bezog auch das zur Lesum abfallende Ufer mit ein, legte steinerne Treppen und Aussichtsplattformen an. Baron Knoop wurde in dem von ihm angelegten Park ein Denkmal gesetzt.

In 1871, Knoop, named a baron by the Russian Czar, Wilhelm Benque designed a landscape park in the English style. Next to the ancient trees, Benque laid wide open surfaces of lawn—a combination that allows charming glimpses of views into an apparent distance. The landscape architect used a series of stone steps and platforms to include the banks declining to the Lesum in his design. A monument to Baron Knoop was erected in the park which was the result of his vision.

Knoop, auquel le titre de baron fut octroyé par le tzar de Russie, se fit aménager un parc à l'anglaise par Wilhelm Benque en 1871. Benque fit alterner les grands arbres avec les espaces libres, sa création charme par une perspective fuyante et par des espaces ouverts sur le lointain. L'architecte paysagiste aménagea aussi la berge en pente de la Lesum, fit construire des escaliers de pierre et des plateformes panoramiques. Un monument a été élevé dans le parc au souvenir du baron Knoop.

Im nördlichen Teil von Knoops Park gibt es seit über zehn Jahren eine weitere landschaftliche Attraktion: den Blindengarten. Der 1500 Quadratmeter große Garten für Blinde, den natürlich auch Sehende besichtigen dürfen, ist eine Besonderheit, denn er entstand aus einer privaten Initiative und ist der erste Garten dieser Art in der Bundesrepublik.

For over ten years, a garden for the blind is one of the attractions of the northern part of Knoops Park. This 1500 square metre garden, which was built on private initiative, is the first of its kind and unique in Germany. It provides pleasure for both blind and sighted visitors alike.

La partie nord du Knoops Park s'est enrichie il y a 10 ans d'un nouveau paysage: le jardin des aveugles. Ce jardin de 1500 mètres carrés, bien sûr ouvert à tous, est exceptionnel, non seulement parce qu'il est le fruit d'une initiative privée, mais aussi parce qu'il est unique en Allemagne.

Höhepunkt des inzwischen legendären Kulturspektakels »Sommer in Lesmona« sind die Konzerte in Knoops Park, zu denen sich Hunderte Zuhörer und Zuschauer, ausgestattet mit Campingstühlen, Decken und Picknickkörben, in Gruppen oder Familien zusammenfinden, um bei Wein und Imbiss ein oft stundenlanges, zwangloses Musikereignis mitzuerleben.

One of the high points of the legendary cultural extravaganza »Summer in Lesmona« are the concerts in Knoops Park. Here, hundreds of spectators and listeners, some equipped with camping stools, blankets and large picnic baskets, enjoy hours of music, wine, and food with friends and family in a relaxed atmosphere.

Le point culminant du spectacle culturel légendaire »Eté à Lesmona« sont les concerts dans le Knoops Park. Des centaines d'auditeurs et de spectateurs s'y rassemblent chaque année. Equipés de chaises de camping, de couvertures et de corbeilles de pique-nique, en groupes ou en familles, ils assistent parfois pendant plusieurs heures à un évènement musical décontraeté.

Rund sieben Kilometer Spazierwege führen auf herrlichen Alleen und romantischen Pfaden durch den 65 ha großen Knoops Park, dèr auch im Winter ein überaus reizvolles Ziel für Spaziergänger darstellt.

Nearly seven kilometres of walkways, from magnificent natural boulevards to romantic pathways, lead us through the 65 hectares of Knoops Park. Even in winter, the park presents a charming destination for people who like to stroll.

Sept kilomètres d'allées somptueuses et de sentiers romantiques invitent à la promenade dans le Knoops Park d'une superficie de 65 ha. En hiver il est aussi très attrayant pour les promeneurs.

Die Lesum ist ein Tummelplatz für Wasser-sportler, ihre Ufer sind idyllische Wander- und Erholungsgebiete.

The Lesum is a playground for water-sports enthusiasts, and on the banks of the river are idyllic hiking and recreation areas.

Les amateurs de sports nautiques se retrou-vent nombreux sur la Lesum, dont les rives se prêtent merveilleusement à la prome-nade et la détente.

Das Lesumsperrwerk bändigt den Fluss, ermöglicht aber auch den Übergang von Grohn ins Werderland.

The Lesum Dam controls the river and allows a crossing from Grohn into the Werderland.

Le barrage de la Lesum domestique le fleuve, il sert aussi de pont entre Grohn et le Werderland.

Die Moorlosen-Kirche im Werderland. Die 1360 erstmals erwähnte Kirche war wahrscheinlich eine Tochter der Altenescher Kirche auf der linken Weserseite. Durch Veränderungen im Lauf der Weser wurde sie von ihr getrennt, also »moderlos«. Die gleichnamige Gaststätte nebenan ist ein beliebtes Ausflugsziel.

The »Moorlosen« or »motherless« Church in the Werderland, first mentioned in 1360, was likely the »daughter« of the Altenescher Church on the left side of the Weser. As a result of changes in the Weser's course, these two were separated, hence, the smaller becoming »motherless«. The restaurant next door, bearing the same name, is popular among visitors.

L'église Moorlosen dans le Werderland. Cette église, mentionnée pour la première fois en 1360, était probablement une église succursale de celle d'Altenesch sur la rive gauche de la Weser. Elle en fut séparée par les modifications du cours de la Weser, devint donc »moderlos« (sans mère). L'auberge de ce nom près de l'église est très appréciée des randonneurs.

Stillleben im Werderland. Hierher kommt man nur zu Fuß oder mit dem Fahrrad.

A still life in the Werderland. You can only get there on foot or by bike.

Nature-morte au Werderland. On y accède uniquement à pied ou à bicyclette.

Haus Blomendal, die einstige Raubritterburg, war stets Sitz der Verwaltung des Gebietes, ganz gleich ob unter Rittern, der Stadt Bremen, dem Königreich Hannover oder Preußen. Das Haus wird heute von einem eigens gegründeten Verein bewirtschaftet, da das Land Bremen kaum Geld für die Erhaltung und Pflege aufbringen kann.

Haus Blomendal has always been the seat of this area's administration, regardless of who was in charge, from the robber knights of early times to the City of Bremen, the Kingdom of Hanover, or the Prussians. Today the house is maintained by private initiative as the City of Bremen is no longer able to support it adequately.

La maison Blomendal, autrefois forteresse des chevaliers brigands, a toujours été le siège de l'administration régionale, que ce fut à l'époque des chevaliers, sous la ville de Brême ou sous les royaumes de Hanovre ou de Prusse. Elle est gérée par sa propre association, car les moyens mis à disposition par la ville de Brême ne suffisent pas à son entretien.

Die historischen Räume in Haus Blomendal, wie etwa der Hoyersaal, werden für Lesungen und Konzerte genutzt. Benannt wurde der Saal nach dem Bremer Bürgermeister Erich Hoyer, dessen Bildnis in der kunstgeschichtlich wertvollen Deckenmalerei aus dem Jahre 1580 gefunden wurde.

Haus Blomendal's historic rooms, among these, the »Hoyersaal«, are used for readings and concerts. The »Hoyersaal« was named for the former mayor of Bremen, Erich Hoyer, whose image was discovered in the ceiling paintings from the year 1580. These paintings are very valuable from an art-historical point of view.

Des soirées littéraires et des concerts ont lieu dans les salles historiques de la maison Blomendal, notamment dans la Hoyersaal. Cette salle porte le nom du bourgmestre de Brême Erich Hoyer, dont on retrouve le portrait dans les fresques de plafond. Ces fresques de 1580 sont d'une grande valeur historico-artistique.

Ein Verein aus engagierten Blumenthalern kümmert sich liebevoll um Haus Blomendal. Im Archiv werden auch Erinnerungsstücke an den in Blumenthal geborenen Kapitän und Polarforscher Eduard Dallmann aufbewahrt.

Ein Spaziergang ums Haus eröffnet neue Blickwinkel, wie beispielsweise auf eine Sonnenuhr oder einen romantischen Erker.

Haus Blomendal is lovingly cared for by a group of actively interested citizens of Blumenthal. In their archives, you will find memorabilia of the polar explorer and captain, Eduard Dallmann, a citizen of Blumenthal by birth. A walk around the house reveals some lovely glimpses: a sundial, a romantic bay window.

Une association composée de membres très engagés s'occupe avec amour de la maison Blomendal. Dans ses archives on retrouve notamment des documents relatifs à Eduard Dallmann, capitaine et explorateur polaire né à Blumenthal.

Une promenade autour de la maison permet de découvrir entre autres une horloge solaire et une construction romantique en saillie.

Rönnebeck, seit 1908 Ortsteil von Blumenthal, zeichnet sich neben seiner relativ kleinteiligen Bebauung vor allem durch seine direkte Lage an der Weser aus. Moderne Architektur prägt das Bild des Rönnebecker Hafens.

Rönebeck, part of Blumenthal since 1908, distinguishes itself with its small, picturesque houses and its view onto the Weser. Modern architecture dominates the scene in the Rönebeck Harbour.

Rönnebeck, quartier de Blumenthal depuis 1908, se caractérise par ses constructions de taille relativement modestes et par le voisinage directe de la Weser. L'architecture moderne a façonné la physionomie du port de Rönnebeck.

Einzigartige Lage im Bremer Norden: Wohnen am Yachthafen Rönnebeck heute.

Living in a unique location of Bremen North: on the yacht harbor of Rönnebeck.

Site exceptionnel au nord de Brême: vivre aujourd'hui sur le port de plaisance de Rönnebeck.

Das Auetal gehört zu den landschaftlich reizvollsten Flecken in Bremen-Nord. Im Hintergrund erkennt man Kirchturm und Wasserturm von Blumenthal.

The Auetal (water meadow valley) belongs among the most charming of corners in Bremen North. In the background, you see the church tower and the water-tower of Blumenthal.

La vallée de l'Aue est un des paysages les plus attrayants de Brême-Nord. En arrière-plan on reconnaît le clocher d'église et le château d'eau de Blumenthal.

Wätjens Park im Süden Blumenthals beherbergt eine Sehenswürdigkeit dieses Stadtteils. 1864 bezog Dietrich Heinrich Wätjen ein Schloss im Tudor-Stil. Das Schloss und der im Stil englischer Gartenarchitektur angelegte Park sind heute wieder in Privatbesitz.

Wätjens Park in the south of Blumenthal includes one of the tourist attractions of that part of the city. Dietrich Heinrich Wätjen moved into his Tudor-style castle in 1864. Both castle and garden, laid out in the English style, are now in private ownership again.

Le Wätjens Park, au sud de Blumenthal, abrite une des curiosités du quartier. En 1864, Dietrich Heinrich Wätjen s'établit dans le château de style Tudor. Le château et son jardin à l'anglaise sont redevenus aujourd'hui propriété privée.

1884 wurde die »Bremer Woll-Kämmerei« gegründet, deren Entwicklung zu einem rasanten Anstieg der Blumenthaler Einwohnerzahl führte. Hatte das Dorf bei der Inbetriebnahme des Werkes etwa 2300 Einwohner, so waren es 1910 schon 10.300, von denen mehr als 3000 bei der BWK arbeiteten.

Die Gemeinde hat den Lieferanten des Rohstoffes, den Schafen, in der Nähe der Wollkämmerei ein Denkmal gesetzt.

The founding of the »Bremer Woll-Kämmerei« wool-working factory in 1884 led to a veritable population explosion in Blumenthal. When the factory opened, there were approximately 2,300 inhabitants in the village. By 1910 there were already 10,300, of whom more than 3,000 worked at the BWK.

Close to the wool-working factory, the community has erected a memorial to the source of the raw material: the sheep.

L'usine de filature de laine de Brême fut crée en 1884. Elle contribua par son développement à un accroissement vertigineux de la population de Blumenthal. Lors de sa mise en route on comptait 2300 habitants, en 1910 déjà 10300, dont plus de 3000 étaient employés à la filature.

La commune a élevé près de la filature un monument aux fournisseurs de la matière première: les moutons.

Auch heute wird noch Wolle verarbeitet. Moderne Maschinen ersetzen in der Wollkämmerei immer mehr den Menschen.

Even today, the wool-working industry is active. However, modern machines are increasingly replacing manpower in this industry.

Aujourd'hui encore on travaille la laine. Des machines modernes remplacent progressivement les personnes dans la filature.

Weithin sichtbar: das Kohlekraftwerk der Preußen Elektra in Farge an der Weser. Hier endet Bremen-Nord, das Leuchtfeuer auf niedersächsischer Seite gehört allerdings noch zu Bremen.

Visible from far off is the Preussen Elektra Coal power plant in Farge on the Weser. Bremen North ends here, though the small lighthouse to be seen on the Lower Saxony side does still belong to Bremen.

Visible de loin: La centrale électrique au charbon de la Preußen Elektra à Farge sur les bords de la Weser. C'est ici la limite de Brême-Nord. Le phare se trouve déjà en Basse-Saxe, il appartient néanmoins à Brême.

Die alte Rekumer Mühle an der Landes-
grenze zu Niedersachsen wird derzeit restauriert.

The newly restored Rekum Mill is on the
border of Bremen and Lower Saxony.

Le moulin de Rekum récemment restauré
se trouve à la frontière du Land de Basse-
Saxe.

In dem 429 Meter langen, 97 Meter breiten und 42 Meter hohen Bunker »Valentin« in Farge sollten in Serienfertigung U-Boote für die deutsche Kriegsmarine gebaut werden. Beim Bau des Bunkers kamen mehr als 4000 Zwangsarbeiter ums Leben. Der Bau ist heute ein Mahnmal gegen den Faschismus geworden.

In this 429 metre long, 97 metre wide, and 42 metre high bunker »Valentin« in Farge, submarines for the German Navy were to be built in large numbers. In the building of this bunker, more than 4000 forced labourers died. The construction is today a memorial warning of the evils of fascism.

Le bunker »Valentin« de 429 mètres de long sur 97 mètres de large et haut de 42 mètres se trouve à Farge. Il était prévu pour abriter la production en série de sous-marins pour la marine de guerre allemande. Il fut érigé par des travailleurs forcés. 4000 d'entre eux y laissèrent leur vie. Ce bâtiment est devenu aujourd'hui un monument contre le fascisme.

Früh übt sich, wer ein Meister werden will. Eine Reihe von Vereinen betreibt Wassersport auf der Weser.

Start young if you want to master a sport! A number of sports clubs do water sports on the Weser.

Le temps est un grand maître.
Les associations de sports nautiques sont nombreuses sur les bords de la Weser, leurs membres, grands et petits, s'adonnent aux joies de la navigation.